Prospección:

Incrementa tus Ingresos y Aprende a Tener Operaciones Comerciales Indefinidamente de Clientes que Quieran Comprar en tu Negocio Utilizando Llamadas en Frio, Ventas Sociales y Correo
Volumen 2

Por
Income Mastery

Tabla de contenidos

Introducción

¿Quieres ser exitoso en los negocios? ¿Sabes cómo lograrlo? ¿Sabes cómo usar la información que tienes? En el siguiente libro te explicaremos como usar tu CRM, es decir, el programa de Customer Relationship Manager para poder entablar mejores relaciones con tus contactos, poder crear mejores propuestas y con mayor valor para poder vender tu producto y /o servicio. Asimismo, también aprenderás como posicionarte y a tu empresa para que las personas te conozcan y confíen más en tu producto. Aprende a ser exitoso, a vender tu producto, a que las personas de la industria te conozcan, que te recomienden, pero lo más importante, aprende a entablar relaciones valiosas con tus clientes potenciales y a convertir un no en un sí.

Capítulo 1: Aprovecha tu CRM

Para poder aprovechar el CRM, Ventas y Marketing deben de estar alineados. ¿Por qué? Porque para poder aprovechar el CRM al máximo debemos saber quién es nuestro target y cómo vamos a vender nuestro producto y/o servicio. Comencemos explicando qué significa "CRM" (Customer Relationship Manager) en español "Administrador de Relaciones con el Cliente" es un programa para poder Fidelizar a los Clientes. Este programa nos ayuda a mejorar las relaciones con nuestros clientes, a encontrar nuevos prospectos y poder volver a ganar cuentas que ya habíamos perdido. ¿Cómo funciona este tipo de software? Este nos ayuda a obtener y guardar información valiosa de nuestros clientes. Esto nos va a ayudar a poder ofrecer mejores productos, a personalizar nuestros correos electrónicos y a demostrarle que nos importan como clientes. Asimismo, como tenemos información de ellos podemos saber o intuir lo que necesitan, lo que nos facilita lograr una venta mayor o venderle otro producto que también va a ser útil para su empresa.

Este programa va a mejorar nuestras interacciones con los clientes. Es muy importante guardar la información de cada interacción que tengamos con ellos. De nuevo, esto demuestra que nos importan los clientes, tendremos más información de ellos y podremos entablar mejores relaciones, por ende, podemos seguir teniendo relaciones comerciales con ellos. Cuando cuidamos a nuestros prospectos y clientes, ellos van a querer seguir haciendo negocios con nosotros. Este tipo de Software es muy importante y puede ser realmente útil o puede ser una pérdida de dinero. ¿Por qué? Si tu equipo no entiende la importancia de guardar la información de cada cliente durante cada interacción y no sabe cómo usar esta información para poder vender mejores productos y de forma más eficiente para poder tener más éxito en las ventas, entonces el software no funciona. Esta es la razón por la cual es realmente importante que nuestro equipo esté capacitado al igual que nosotros para poder tomar mejores decisiones para lograr alcanzar el éxito.

Hay que recordar y darle la importancia a la información que se merece. Una conversación pequeña con un cliente, por más corta que sea, nos va a dar diferentes ideas de qué es lo que está buscando, cuáles son sus intereses, cuál es su personalidad, si pudiéramos venderles algo más, qué es lo que necesita, entre otros. Todo el equipo debe estar alineado y debe entender esto para poder tener éxito. Por otro lado, recuerda que el CRM deja que ingrese mucha información. ¿Cuál es una forma de fidelizar a tus clientes usando este software? Felicitándolos por su cumpleaños. ¿Así de simple? Sí, así de simple, ¿por qué? Porque a todo el mundo le gusta que lo saluden en su cumpleaños, si no quieres o no tienes presupuesto, lo que debes hacer es llamarlos por teléfono que no cuesta nada. Esto también te va a dar una ventana para que puedas agendar una reunión con ellos si es que lo haces de forma profesional y sutil. Los clientes potenciales van a estar más abiertos a escucharte si los estás llamando no solamente a venderles, sino que los estás llamando para saludar, es decir, les importas y te estás acordando de su cumpleaños. De igual manera, también podemos enviarle un correo con una tarjeta de cumpleaños o inclusive un correo electrónico solamente.

¿Por qué es esto importante? Debemos llevar una buena relación con nuestros contactos, ellos deben confiar en nosotros y deben sentir que son importantes para nosotros. Por ejemplo, si es un prospecto importante, puedes visitarlos con un presente, como llevarle una pequeña torta o algún detalle, esto también aumentará y te dará una mejor relación con ellos. Tus prospectos sentirán que tienen una relación contigo y que los estás cuidando y te importa no sólo su negocio sino también ellos como personas. Por esto es tan importante tener este tipo de información en el CRM. Como estamos anotando todas las interacciones con los prospectos o clientes potenciales, también podemos revisar este historial e ir a visitarlos por su cumpleaños y el presente. Debemos tener en cuenta la información del CRM, pero debemos venderle sutilmente, no podemos ir solo por vender porque va a ser tiempo, dinero y energía desperdiciados. Para formar una relación más amigable y con más confianza, inclusive podemos tomar pequeñas anotaciones como cuando mencionan si están casados, si tienen hijos, qué les gusta hacer, qué es lo que le molesta. Esto nos ayuda a poder hacer preguntas un poco más personales y que los prospectos se den cuenta que estamos prestándoles atención.

Si tenemos presupuesto para invertir en los contactos y en las reuniones, es muy importante el CRM porque también podemos agregar cuánto es que ha gastado en nuestros productos, si ha pedido algo adicional por ejemplo o también podemos agregar información de cuándo dejaron de trabajar con nosotros. Podemos segmentar esta base de datos en clientes potenciales e inclusive nos puede ayudar a recuperar a clientes. Podemos revisar qué habíamos ofrecido al cliente antes y por qué se fue, es decir, por qué dejó de trabajar con la empresa. Teniendo esta información podemos llamarlos con una mejor propuesta, ya sabiendo cuál es el problema que tuvieron. Recuerda que es necesario que investigues y tengas alertas y busques "trigger events" para poder tener la ventana de recuperar a un cliente o conseguir más prospectos y que puedan convertirse en clientes.

Esta base de datos de clientes también sirve para poder irla actualizando. Muchas veces los prospectos se mudan de compañía y no nos avisan, podemos buscarlos en LinkedIn y actualizar los datos de ambas empresas. Actualizamos la empresa y el nombre del prospecto que se mudó de empresa, buscamos quién es el prospecto en la empresa anterior, y podemos inclusive buscar quién era el prospecto en el nuevo trabajo de la persona de nuestra base de datos, esto hará no solamente que actualicemos la base de datos, sino que ganemos más prospectos. Recuerda que cuando un prospecto se muda de compañía, si tiene buena impresión de tu empresa y la has hecho quedar bien en tu trabajo anterior, va a querer que trabajes con ella en la nueva compañía. Por otro lado, si el contacto que se ha mudado no quiso trabajar contigo, ahora tienes la ventana para trabajar con una nueva persona y la oportunidad de venderle tu negocio y volverlo un cliente.

Capítulo 2: La ley de la familiaridad

¿Sabes qué es la ley de la familiaridad? Si los prospectos conocen tu marca, la han visto en redes sociales o le han hablado algunas personas de ella, es mucho más probable que agenden una reunión contigo, vayan a tus eventos y confíen más en tu producto y por ende en ti. Esto va a ayudar a generar y crear tu reputación en los medios digitales y en la industria. Es muy importante tener comentarios positivos los cuales deben agradecer para poder generar interacción con los clientes y que vean que nos importan. Por otro lado, si tenemos comentarios negativos, es muy importante dirigirnos a ellos y mostrar que realmente nos importa el feedback de nuestros clientes y que solucionaremos cualquier percance y nos adaptaremos al mercado y sus necesidades.

Nuestros prospectos nos van a buscar en redes sociales y van a ver qué comentarios tenemos para ver con quiénes hemos trabajado y cómo ha sido nuestro trabajo con ellos. La ley de la familiaridad indica que nuestros prospectos ya habían escuchado de nuestra marca, es muy importante consultar cómo han escuchado de nosotros de diferentes maneras, nos pueden haber recomendado, que en estas circunstancias es óptimo porque es gente que ya ha trabajado contigo y que no gana ninguna comisión ni nada por recomendarte por esto es tan importante tener una buena relación con tus clientes ya que ellos te van a ayudar con recomendaciones.

Es realmente importante estar constantemente repitiendo el nombre de nuestra empresa, siempre tenerlo presente, en correos electrónicos, que esté en nuestras tarjetas de presentación, que sea legible, mencionarlo siempre en los eventos, compartir artículos de nuestra página web, conseguir entrevistas en diferentes medios como periódicos y artículos de páginas web o de redes sociales de la industria. Todo esto va a favorecer a que más personas vean el nombre de nuestra empresa y por lo menos recuerden el nombre cuando sea mencionado. En redes sociales, podemos efectuar diferentes campañas de branding, es decir, para que las personas conozcan y vean nuestra marca allí. Recomendamos que las campañas tengan una breve descripción de lo que hace la compañía para que el público al que está llegando el anuncio pueda ver el nombre y de frente el tipo de compañía y la industria en la cual está. Sobre todo, es importante que la gente nos relacione con la empresa, debemos vendernos siempre y a nuestra empresa con el mayor profesionalismo que podamos, recordemos que somos la cara de nuestra empresa.

¿Cómo estás usando los datos de tus clientes? ¿Estás personalizando tus correos? ¿Estás utilizando la información de tus clientes para poder cerrar los tratos con ellos? Pequeños cambios harán que tengas una mejor relación con ellos, cambiarán la percepción que ellos tienen de ti, harán que confíen más en ti, y se van a sentir más "engreídos" por ti. Esto va a ser que prefieran trabajar contigo así tu producto sea un poco más caro porque los saludas por su cumpleaños, podrías enviarle algo pequeño como una torta, por ejemplo. Estos detalles van a hacer que te "ganes" a los prospectos. Preocuparnos por ellos a un nivel más personal hace que ellos no sólo confíen más en nosotros, sino que vean que no solo son un número más para la empresa, sino que realmente nos importan.

Ahora que ya sabes cómo identificar un prospecto y cómo buscar a los prospectos. Podrás tomar mejores decisiones y gastar menos tiempo y energía y obtener mejores resultados en nuestras ventas. Esto nos llevará al éxito. Recuerda no tener miedo de hacer las llamadas a esos prospectos que son tan necesarias, revisa tu competencia, revisa cómo estás hablando por teléfono y es realmente importante que sepas cuál es tu mensaje, que sepas cómo transmitirlo y que siempre verifiques con algún compañero, colega, o alguna persona que no esté dentro de tu organización si el mensaje que estás transmitiendo al igual que la información son claros al cliente. ¡La práctica hace al maestro! ¡Mientras más practiques, mejor te volverás! Recuerda que debes mantener una buena actitud y debes cuidar y prestar atención a tus hábitos. ¿A qué nos referimos con esto? ¡A que dejes de procrastinar! Comienza a realizar tus labores en las horas que has organizado, realiza todo lo que te has planteado en el día. Busca prospectos las veinticuatro horas del día, presta atención a tus pensamientos, cambia tus pensamientos y sigue de forma positiva tu día. Estos pequeños cambios harán que tengas más ventas, llevándote al éxito. Si no estás logrando tus propósitos, ¡no te desanimes! Sigue trabajando duro. Recuerda que el éxito nunca viene a la primera, que debemos trabajar duro, cambiar nuestros hábitos, prestar atención a lo que estamos haciendo. ¡Mantente motivado y disfruta del éxito!

Capítulo 3: Social Selling o venta social

El Social Selling está de moda, el objetivo no es directamente la venta, sino dar a conocer nuestro producto, los atributos del mismo, atraer a clientes potenciales, persuadir y conversar con ellos. Es decir, lo que queremos es empezar el proceso de confianza entre el usuario y la marca. ¿Cómo realizamos esto? El Social Selling es un modelo de ventas en el que utilizamos los diferentes medios sociales, dando prioridad a LinkedIn. Lo que estamos implementando es una forma de atracción de clientes basada en el branding, en las relaciones humanas y elaborando contenidos útiles para nuestros clientes potenciales. Este tipo de branding ha aparecido en los últimos años ya que todos hemos comenzado a utilizar las redes sociales. Ahora es mucho más fácil buscar a alguien de una compañía y buscar el cargo de la persona con la que necesitamos contactarnos la cual estaría interesada en comprar nuestros productos y que tiene presupuesto. Lo único que debemos hacer es enviarle un mensaje. Es muy importante no ser intrusivos, ¿a qué nos referimos con esto? Que enviemos los mensajes de manera correcta, nos presentamos con nombres y apellidos y enviamos mensajes privados.

Comparte contenido útil en tus redes sociales, LinkedIn, Facebook e Instagram si usas. Monitorea cuántas visitas tienes, si tienes interacción, en qué se interesan tus prospectos, cuántas vistas tienes, entre otros. Recuerda que debes tener una estrategia y debes ser constante en tus redes sociales. ¿Qué imágenes estás usando? Recuerda que, aunque no entiendas bien por qué es tan importante que tu foto esté en alta resolución es realmente importante que los clientes vean tu página profesional porque podría descalificarte como proveedor si tu página no les gusta. Hay que tomar en cuenta que, aunque el Social Selling sirve para maximizar las ventas, no necesariamente significa que vas a tener un incremento en ellas. Estás dando a conocer tu marca, pero se debe analizar cuál es el resultado y si se está realizando el trabajo de forma correcta en conjunto con Ventas.

Comencemos pensando quién es tu público objetivo y en qué redes sociales se encuentran. No olvides revisar el demográfico y ver dónde están la mayoría de los usuarios porque esto va a cambiar según el país o la región. Lo usual es que el más grande B2B (business to business) sea LinkedIn y Facebook porque tienen la mayor cantidad de usuarios. Instagram también es importante y lo podemos agregar, pero esto va a depender de nuestro público objetivo, es decir, a quién le queramos vender. Usualmente Instagram tiene una audiencia más joven pero igual es necesario estar en esta red social. LinkedIn y Facebook son audiencias un poco mayores y más amplias. Cuánto queramos y debamos invertir en cada red social va a depender del producto y la audiencia. Lo usual es usar las tres plataformas.

¿Cómo vender por redes sociales? ¿Se puede medir? Por supuesto que sí, primero debemos decidir el tipo de campaña que queremos hacer. ¿Qué queremos? ¿Qué más gente nos conozca? O vender un producto en particular y que la gente lo conozca. Por ejemplo, si lo que queremos es generar conciencia de nuestra marca, es decir, que la gente nos conozca, podemos invertir en LinkedIn, que es la red profesional donde están la mayoría de los prospectos. De esta manera, ellos nos verán. Por otro lado, invirtiendo en Facebook Ads y en anuncios en Instagram, (puedes manejar los anuncios para Facebook e Instagram solamente desde Facebook), donde también posiblemente estén los prospectos, pero encontraremos a los gatekeepers y a los influencers también.

Los influencers usualmente son los encargados de promover los distintos productos hablando de ellos y presentándolos a su público, entonces ellos deben ser nuestro target para que vean nuestros anuncios. Debemos realizar anuncios interactivos, por ejemplo, para Facebook se recomienda que tenga el mínimo texto posible, es más, Facebook solo deja que los anuncios tengan el veinte por ciento de texto, si tiene más, el alcance a la cantidad de personas total será menor. Mientras más interactivo y mejor el anuncio, más gente querrá ingresar a nuestra página. Debemos definir y tener un anuncio atractivo, puede ser un video, pero debe ser corto, puede ser una foto de nuestra compañía o de nuestro producto con una breve descripción y el link de nuestra página.

Debemos recordar que podemos y debemos segmentar los anuncios para llegar a las personas correctas y hacer un mejor uso del presupuesto. ¿Por qué recomendamos esto? Por ejemplo, si estamos vendiendo un producto específico, tendremos un mercado específico con ciertas características y Facebook tiene la herramienta para que nosotros podamos segmentar y que la publicidad se muestre específicamente a estas personas. Podemos colocar cuánto deben ganar al año aproximadamente, qué tipo de puesto deben tener y el tipo de educación. Esto hace que vayamos directamente al público, los cuales son nuestros clientes potenciales y los que podrían convertirse en nuestros clientes. Debemos decidir cuánto tiempo vamos a realizar esta campaña y cuál será el monto a invertir. Es muy importante poder y estar monitoreando el anuncio todo el tiempo y ver si estamos obteniendo el resultado deseado. No solo debemos verificar a cuántas personas está llegando nuestro anuncio, si están entrando a nuestra web, si están haciendo click al anuncio o si están compartiendo o pidiendo más información. Es importante también conversar con ventas y ver si los están llamando a ellos directamente, si tienen más prospectos, si están agendando más visitas, entre otros.

Pasa muchas veces que las personas ven tu anuncio en alguna red social, y en vez de escribirte por ese medio llaman directamente al número que aparece en el anuncio. Es realmente importante que los anuncios tengan el número de teléfono de nuestra empresa escrito correctamente, un correo al cual escribir, una dirección y es relevante e inclusive la página web. De esta manera podemos ver cuántas personas están siendo redireccionadas y podemos ver la conversión y si nuestro anuncio está bien hecho. Si no estamos recibiendo llamadas, no están escribiendo, no entran a nuestra página web y no estamos teniendo una respuesta positiva, es necesario que pausemos el anuncio y nos enfoquemos en ver qué pasó y que tratemos con un nuevo anuncio. Muchas veces, pensamos que algo va a funcionar y no lo hace, sólo debemos comenzar de nuevo y ver si la nueva estrategia funciona. Esto puede no haber funcionado porque no estaba bien diseñado el arte, de repente Facebook lo aceptó para la publicidad (pauta) pero como tiene tanto texto no está siendo mostrado a la cantidad de personas que podría llegar o de repente hemos segmentado de la manera incorrecta. De repente hemos cometido un error, podemos cambiar la segmentación y empezar de nuevo hasta llegar a la segmentación correcta y comenzar a tener respuestas positivas de nuestros clientes potenciales.

Al finalizar cada campaña, debemos realizar un cuadro con la cantidad de dinero que hemos invertido por cada red social, cuánto ha sido el valor por cada click en el anuncio, cuánto alcance hemos logrado, cuántas impresiones hemos logrado, cuántas veces ha sido compartido el anuncio, o han realizado comentarios. Es muy importante que, si nos escriben a la bandeja de entrada, es decir, por mensaje privado, contestemos de una manera profesional, de manera rápida y que enviemos la información necesaria.

Si podemos recopilar sus datos sería mejor para poder ingresarlos en el CRM. Con el nombre de la persona que aparece en el perfil, podemos realizar una búsqueda rápida en LinkedIn y ver si podría ser un prospecto, vale resaltar, que muchas veces la competencia también escribe y nos van a escribir porque están haciendo investigación de mercado. ¿A qué nos referimos con esto? Están analizando a su competencia. ¿Cuál es su precio?, ¿qué es lo que están ofreciendo?, ¿cómo lo ofrecen?, ¿cuál es su propuesta?, ¿cómo responden?, ¿qué tipo de promociones tienen?, entre otros. Debemos tomar esto en cuenta y hacer un poco de investigación.

Asimismo, nosotros también debemos hacer investigación de mercado. Antes de lanzar una campaña, debemos investigar a la competencia también. ¿Cómo saber quién es mi competencia? Básicamente son empresas parecidas a la tuya, que tienen productos similares dentro de una misma región. ¿Qué significa que estén en la misma región? Significa que los clientes potenciales serán los mismos que los tuyos. Este tipo de competencia se le denomina competencia directa porque el valor del producto y lo que se ofrece al prospecto es muy parecido. De repente queremos hacer un tipo de campaña para fidelizar a nuestros clientes, pero debemos tener cuidado de no revelar demasiado en redes sociales. Debemos analizar las campañas antes de realizarlas, de repente una campaña de fidelización es mejor realizarla por correo con una buena base de datos. Toma en cuenta que las bases de datos también puedes comprarla. Si realmente no sabes dónde empezar, de repente comprando una buena base de datos segmentada puede ser un buen punto para empezar. Asimismo, puedes realizar campañas en redes sociales para aumentar tu base de datos en la cual solicitan a los prospectos, o, la gente a la que el anuncio está siendo mostrado que te dejen sus datos personales. Claro que estas personas no te lo van a dar si no les estás dando algo a cambio, de repente es un diez por ciento de descuento en su siguiente compra, de repente los quieres como suscriptores de tu blog o de repente les vas a realizar algún sorteo regalando alguno de tus productos o te puedes aliar con alguna empresa en un concurso para que la gente siga tu página, la de la otra persona y se regala algún producto. En el caso de que quieras tener suscriptores en el blog de tu compañía, recuerda que el contenido que compartas debe ser de buena calidad y que sea útil a los clientes potenciales. Mientras más interesante sea y si ellos realmente pueden darle un buen uso a esta información, más seguidores conseguirás en menos tiempo.

Debemos siempre cuidar en las redes sociales la ortografía y que las fotos que subimos sean de buena calidad para que no se vean como "pixeleadas". El cliente va a saber que nos importa y que no somos descuidados si tenemos una buena página web. Nos percibe como una empresa más seria, con más conocimiento, que se preocupa de dar una buena impresión y que todo está bien. Para poder comenzar a hacer publicidad en redes sociales, es importante contar con un cronograma anual. Te recomendamos que esto sea trabajado el año anterior y que se trabaje en conjunto a ventas. Debemos tomar en cuenta fechas especiales como el Black Friday, Halloween, días feriados del país donde está tu compañía y los días festivos o importantes según las diferentes industrias. ¿Por qué hablamos de días importantes para las industrias? En caso de que queramos vender un software a una empresa de turismo, podemos aprovechar ese día para enviar un correo electrónico a nuestros contactos que deben estar ingresados en nuestro CRM saludándolos y felicitándolos por el día del turismo. Claro que parece un envío inofensivo, pero esto hace que la gente te conozca y es más probable que abra tu correo. Por supuesto que debe tener tus datos, tu página web y qué es lo que hace compañía para que ellos puedan entrar a revisar.

¿Qué es el outbound marketing? ¿Has oído hablar de él? El Outbound marketing es un canal directo de ventas hacia un público específico, llámese nuestro "mercado objetivo". ¿Cómo hacemos esto? Comencemos por generar una lista de todas las compañías y los prospectos en esas compañías que pensamos que son buenos prospectos y que podrían comprar nuestro producto. Una vez realizado esto, debemos llamarlos y durante esta llamada descubrir si efectivamente son personas que estarían interesadas en comprar nuestros productos, es decir, si son prospectos. Esto es para compañías B2B. Esta lista, que puede estar generada por nosotros, por ventas con marketing o por un software, es una lista de prospectos o leads que se podrían convertir en nuestros clientes. Esto también incluye el envío de un correo electrónico antes de llamar al cliente. También es importante que tengamos en cuenta y sepamos cuál es el contenido de nuestra página web, de esta forma, es más fácil dirigir a los prospectos a la página para que podamos enseñarle el producto que se amolda a su necesidad.

Eventos, el contenido de nuestra web, redes sociales, foros de discusiones y /o newsletters podrá mejorar la comunicación con nuestro cliente y lo ayudará a entender más nuestro producto y a nosotros nos ayudará a explicar mejor nuestro producto. Es muy importante que toda nuestra comunicación sea clara y concisa, y que no ofrezcamos más de lo que podamos cumplir ya que nos podrían catalogar como publicidad engañosa y que el material fotográfico, si es que estamos usando que usualmente es el caso, sea nítido y verdadero. Los videos ayudan mejor a los clientes a entender cómo funciona el producto, cuáles son las ventajas del mismo y qué exactamente es lo que hace nuestro producto. Es muy importante tener una versión corta del producto aparte de un video demostrativo más largo ya que estamos tratando de incrementar nuestra interacción y de aumentar la posibilidad de que nuestros prospectos se vuelvan nuestros clientes.

¿Crees que la venta social es todo y que nos llevará al éxito? No, siempre encontramos problemas con las ventas sociales. Al usar redes sociales, debemos tener muy claro qué estamos promocionando, cómo lo estamos promocionando, quién es nuestro público objetivo, qué queremos lograr con esta promoción y debemos tener en cuenta el lenguaje que estamos utilizando.

¿Por qué es esto importante? Digamos que conocemos la ley de familiaridad y queremos que más personas conozcan nuestra empresa. Digamos que estamos usando redes sociales, en este caso específico Facebook. Decidimos que queremos pagar a Facebook, desde ahora conocido como pauta, para que más personas conozcan a nuestra compañía. Comencemos con cuánto presupuesto vamos a invertir y por cuánto tiempo. Aquí debemos saber que el presupuesto y el tiempo en que tengamos la promoción va a variar la cantidad de personas a las que lleguemos. Ahora, comencemos ¿cuál es el objetivo de nuestra campaña? Queremos que más gente nos conozca y nos siga en redes sociales. Perfecto, ahora, ¿quién es el segmento al que debo dirigirme? ¿Cómo puedo segmentar al público en redes sociales? Tenemos la opción de escoger y segmentar a las personas que puedan ver nuestra publicidad. Por ejemplo, comencemos con lo básico, ¿dónde está ubicada nuestra empresa? Queremos publicitar localmente, a nivel del país o internacionalmente. Después de haber decidido esto, podemos escoger los intereses de las personas a las que vamos a publicitar. ¿Cuál es el nivel socio económico de personas que están dentro de nuestra segmentación? ¿Es gente con qué tipo de estudios? ¿Tienen algunos intereses en particular? ¿Comparten alguna característica en particular? Al analizar esto, podemos darnos cuenta si es mejor, que lo recomendamos, publicitar directamente a nuestro público objetivo o si escogemos la opción por default de la pauta que es publicidad con un radio de por lo menos veinticinco kilómetros.

Ahora, después de realizar campañas siempre es bueno que revisemos nuestras métricas, también conocidas como KPIs. Debemos ver si nuestros esfuerzos han ido a las personas correctas y si hemos realizado un buen uso de nuestro presupuesto, si hemos tenido consultas acerca de nuestra empresa, si hemos recibido más llamadas, si hemos concretado más reuniones con nuestros prospectos, si nuestra lista de prospectos ha crecido, entre otros. Es muy importante hacer un análisis después de realizar campañas. Ventas debe trabajar junto con marketing para que ventas pueda comunicarle qué es lo que necesita lograr.

Ahora, otro punto muy importante es el branding personal, ¿sabes a qué nos referimos con esto? Debemos nosotros mismos hacer nuestro marketing. ¿Cómo? ¿Debemos realizar también marketing personal? Sí, claro que sí. Esto podemos lograrlo yendo a eventos, conocidos como eventos de networking, o eventos donde sabemos que podremos conocer y posiblemente descubrir nuestros prospectos. Es importante ir, no escondernos tras las personas y presentarnos ante los prospectos con nuestro nombre completo. Recomendamos no dar nuestra tarjeta antes de presentarnos y apretarle la mano a los prospectos, de esta manera, tendrán una mejor impresión de ti, podrán entablar una mejor relación contigo y no pensarán que lo único que quieres de ellos es su dinero.

Asimismo, nuestras redes sociales y LinkedIn dicen mucho de nosotros. Tomemos un minuto para revisar nuestras redes sociales, ¿cómo está escrito nuestro nombre? ¿es fácil encontrarnos? ¿Qué foto tenemos de perfil? ¿es profesional? Debemos recordar que las redes sociales y nuestras fotos allí, lo que compartimos, publicamos, escribimos, comentamos, aparece y nuestros prospectos también nos pueden investigar a nosotros. Los prospectos se hacen una idea de quiénes somos y qué tipo de servicio o inclusive, qué tan bueno es nuestro producto basado en la información en nuestras redes sociales.

Ahora, ¿tienes fotos tomando? ¿fotos incriminadoras, fotos en muchas fiestas, fotos ebrio? ¡Retíralas ya! Queremos dar la impresión a nuestros prospectos de que somos personas serias y trabajadoras, que somos responsables y que el valor de nuestra marca va de acuerdo a nuestras acciones. ¿Por qué hacemos hincapié en esto? Porque nosotros representamos a la marca, la forma en que nosotros nos comportamos refleja a nuestra marca y viceversa. ¡Qué esperas para revisar tus redes sociales! Presta atención a qué grupos sigues, qué estás comentando y cómo es tu lenguaje.

Ahora, continuemos con LinkedIn. Debemos tener uno, así no nos gusten las redes sociales, no sepamos ni entendamos muy bien cómo funciona, es de suma importancia y urgencia tener un buen perfil en LinkedIn. Debemos colocar toda nuestra información relevante, la que nos presente como profesionales con experiencia.

Llena la información de tus estudios, algunos cursos adicionales, certificaciones que hayas llevado, los idiomas que hablas y también es importante que llenes tus habilidades. Ahora, LinkedIn está dejando que llenemos mini exámenes que certifican que efectivamente sabemos utilizar o tenemos las habilidades que decimos tener como por ejemplo en Microsoft Excel. Son exámenes que duran entre cinco y diez minutos y LinkedIn nos da el certificado lo cual es bueno porque ya no es un compañero o alguien que te conoce, es un prueba objetiva realizada en una computadora.

Continuemos con el inbound marketing, el inbound marketing es generar leads creando diferente contenido atractivo para clientes potenciales y solicitando a los prospectos información como su nombre, correo electrónico y teléfono, para poder preparar alguna información que será útil para ellos. Esto genera leads. Ahora, ¿todas estas personas son valiosas y debemos considerarlas como prospectos? ¿Debemos enfocarnos sólo en ellos? No, hay personas que quieren descargar nuestro contenido que son realmente valiosas, pero hay otras que solo están dejando sus datos porque la información es valiosa para un trabajo en la universidad o porque la necesitan por cualquier otro motivo. Ahora, sí, tenemos que asumir que cada persona que descarga nuestra información es un lead y trabaja hasta tener la información que busca. Por ejemplo, si tenemos un suscriptor que sólo nos ha dejado su nombre y correo, debemos investigarlo y tratarlo como un lead. ¿Cómo hacemos esto? Busquémoslo en LinkedIn, tratemos de juntar toda la información que podamos para ver quién es esta persona, dónde trabaja y si podría ser un prospecto. Igual, es importante, como ya hemos mencionado anteriormente, tener la información y guardar las interacciones con los clientes. No sabemos cuándo la podemos necesitar, de repente, nos escribe la persona de su correo electrónico y podemos ver qué es el contenido que descarga. Esto nos ayudará a armar una propuesta más personalizada y ya sabemos cuáles son sus intereses.

Ahora, continuemos con los "trigger events" y el ciclo de compra. Los eventos de activación son interrupciones en el status quo que abre ventanas de compra y que pueden obligar a los compradores a tomar diferentes medidas. ¿A qué nos referimos con esto? Podemos seguir a nuestros prospectos en redes sociales sin estar directamente conectados a ellos. Por esta razón, debemos estar monitoreando constantemente su flujo de noticias, listas, alertas de actualización, discusiones en grupos, entre otros para estar pendientes y aprovechar los "trigger events." Esto significa que vamos a poder contactar a los prospectos en el momento justo para poder presentarnos y presentarle nuestro proyecto cuando verdaderamente lo necesitan. Como ya hemos mencionado, si están preguntando por alguna empresa que tenga características parecidas a las de nosotros, si pregunta por el dato de diferentes compañías, si comenta en un grupo, entre otros, será nuestra ventana para ofrecerle nuestros servicios.

Ahora, ¿por qué es tan importante investigar y recopilar información? Porque en las redes sociales hay demasiada información de los prospectos así no se den cuenta. Esto nos va a ayudar a ingresar a nuestra base de datos, podemos desarrollar mensajes y campañas de prospección basado en sus intereses y podemos planear bien la llamada, nuestro mensaje o nuestro correo electrónico. Podemos saber de antemano qué necesita para su compañía, si se ha quejado de una marca en particular y cuáles son sus intereses. Esto también puede romper el hielo en la conversación y encontrar algo en común con el prospecto. Esto puede ser la diferencia entre que un prospecto se vuelva un cliente y que se quede en prospecto.

Por otro lado, la prospección saliente se refiere a la recopilación de datos de clientes potenciales. ¿Cómo logramos esto? Por ejemplo, las universidades o las constructoras solicitan cierta información en sus campañas en redes sociales para que te envíen la lista de precios. Usualmente piden un correo electrónico, nombre, número de contacto e inclusive el número de tu identificación. La gente lo llena porque la información es más sencilla obtenerla de esta forma. Esto alimenta nuestra base de datos e incrementa nuestra cantidad de prospectos, ellos ya nos han contactado lo que significa que están interesados en nuestros productos. Esto nos va a ayudar a incrementar nuestros prospectos. Como nos dejan el teléfono o el correo electrónico podemos contactarlos, llamarlos o enviarles un correo electrónico. Nuevamente, recomendamos que busques al contacto, investigues acerca de él, cuáles son sus intereses, entre otros. Podemos y recomendamos usar las redes sociales junto con la recopilación de datos para poder obtener mejores resultados, más leads, es decir, mejores prospectos y poder incrementar nuestra base de datos. Recomendamos realizar una campaña en redes sociales para generar familiarización con nuestra compañía, para que la gente conozca nuestra marca y sepa qué hacemos y paralelamente podemos recolectar datos con diferentes tipos de promociones y / o publicitar algún artículo de nuestro blog en nuestra página web por ejemplo para incrementar nuestros suscriptores.

Es muy importante seguir las leyes de datos personales por país para el uso de los datos personales. Usualmente, se ha agregado una cláusula en el formato donde estamos solicitando la información. Estos esfuerzos incrementan nuestra posibilidad de éxito y nos ayudan con la prospección.

Capítulo 4: Nuestro mensaje importa

¿Qué es lo que vas a decir y cómo lo vas a decir? Esto es realmente importante ya que nos ayuda a mejorar la comunicación con nuestros clientes. ¿Qué queremos transmitir al cliente? ¿Cuál es nuestro mensaje? Recomendamos escribir todos los atributos que tiene nuestro producto y/o servicio ya que tendemos a olvidarnos de parte de la información y no brindarla completa. Esto debemos hacerlo antes de mandar un correo electrónico o llamar a un prospecto para poder brindar la información y no olvidarnos de alguna pieza de información que puede ser clave para convertir a un cliente potencial en un cliente. ¿Qué podemos hacer para ver si estamos entregando el mensaje correcto al prospecto? Puedes, por ejemplo, hacer un ejercicio simple, habla con un colega o con un amigo y finjamos una llamada. Ellos serán el cliente potencial, es decir, el prospecto. Finjamos que los estamos llamando o les estamos enviando un correo electrónico con la información que le enviaríamos a un cliente potencial. Hay que tomar a esta persona y este ejercicio con la seriedad del caso e investigarlo para poder enviar un correo electrónico correcto, y comunicarnos con ellos por teléfono, es decir, con una llamada fría. Debemos llamarlos y conversar como realmente lo haríamos con un cliente potencial. Ahora debemos hacer las siguiente preguntas después de realizado el ejercicio ¿Se entiende la información que estamos brindando? ¿Estamos siendo claros? ¿Sueno muy frío al teléfono? ¿Entendiste de qué se trata mi producto y cómo puede beneficiarte? ¿Te parece que soy frío o profesional por teléfono? ¿Qué te parece mi tono de voz? ¿Sueno falso o sueno entusiasta y confiable?

Muchas veces pensamos que estamos dando la información de la forma correcta, es importante estar abiertos a críticas constructivas. Después de tener todo el feeedback de esta interacción, debemos seguir practicando para mejorar. Recuerda que la práctica hace al maestro. ¿No sabes cómo dar el mensaje? Busca un mentor o presta atención a tus colegas, examina cómo están dando el mensaje por teléfono, después, puedes idear tu propia manera de hacerlo. Por otro lado, debemos recordar siempre ser claros y concisos con la información y cuidar nuestro tono. Es importante que entendamos que como como nosotros conocemos el producto podemos pensar que estamos brindando al cliente toda la información que necesita y nuestro compañero se da cuenta que no.

Asimismo, podemos cometer pequeños errores como olvidar presentarnos con nuestro nombre completo, el nombre de la compañía, hemos hablado muy rápido, no dimos bien el nombre de la compañía, interrumpimos al cliente o no lo hemos dejado hablar, entre otros errores bastante comunes que solemos cometer sin darnos cuenta. El problema con realizar la misma tarea diariamente o seguido, es que solemos automatizarnos y dejamos de prestar atención. Por esto es importante que cada una o dos semanas, volvamos a revisar cómo nos estamos comunicando y si debemos realizar algunos ajustes. Cuando estemos dando nuestro mensaje, debemos hablar con entusiasmo y confianza. Debemos creer en lo que estamos diciendo y poder transmitir confianza al cliente de que no solamente nuestro producto es bueno, sino que nosotros también conocemos el producto, que vamos a poder resolver sus dudas y en caso de que tengan algún problema, vamos a poder resolverlo ya que contamos con toda la información y con la actitud y deseo de querer ayudarlos.

Es muy importante que sepamos cuál es el valor agregado de nuestro producto, ¿qué va a ganar el cliente contratándome? ¿Soporte técnico remoto las veinticuatro horas? ¿Qué le puedo ofrecer yo que no le puede ofrecer la competencia? Este punto es muy importante porque el cliente nos va a elegir si siente tranquilidad con nosotros, si siente que tiene nuestro apoyo y siente que va a obtener un beneficio mayor al costo. Es muy importante saber qué es lo que queremos. Tenemos que comenzar con esto. Por otro lado, hablando del mensaje es muy importante la forma en que nos comportamos cuando vamos a reuniones. ¿Cómo nos hemos sentado en la mesa? ¿Hemos dejado que el cliente se siente primero? ¿Estoy con los brazos cruzados? ¿Estoy reclinado hacia atrás? ¿Estoy mirando el celular? Te recomendamos que prestes atención a los detalles que es ahí donde está la diferencia entre un prospecto y un cliente. Por ejemplo, si estamos sentados hacia atrás en la silla con los brazos cruzados, el contacto va a pensar que no queremos estar ahí, peor aún, si estamos con las piernas estiradas. Podemos sentarnos ligeramente con el cuerpo hacia adelante, de esta manera el cliente se da cuenta que lo estamos escuchando y nuestro lenguaje corporal es positivo. Debemos sonreír mientras damos nuestro mensaje, mover la cabeza para que el cliente sepa que lo escuchamos. Ahora, ¿cómo estamos dando nuestro mensaje durante la presentación? Recuerda que debemos amoldarnos a las compañías que estamos yendo a visitar, pero eso no significa que sólo debamos concentrarnos en esto. Debemos recalcar sutilmente por qué nuestra compañía es mejor que las otras, por qué deben trabajar con nosotros y cómo va a beneficiar a su empresa el uso de nuestros productos o servicios.

Capítulo 5: Prospección por teléfono

Debemos comenzar realizando la llamada que tanto tememos a nuestros prospectos. Si ya tenemos el teléfono de nuestros prospectos, debemos comenzar a prepararnos para poder llamarlos. Debemos tener una lista con todos nuestros prospectos por orden de importancia. Debemos siempre recordar que debemos investigar a los prospectos y a su compañía antes de llamarlos. Debemos preguntarnos y saber ¿qué es lo que necesitan para su compañía? Debemos recordar qué preguntas podría hacer nuestro prospecto, pero a la vez, debemos recordar de no saturar con información. Debemos ser concisos y atrevernos a hacer la llamada. ¿Qué es lo peor que puede pasar? ¿Qué nos digan que no están interesados? Debemos mostrarnos atentos al teléfono, llamarlos y presentarnos con nuestro nombre completo y el nombre de la compañía, debemos decirles por qué los hemos llamado y lo que queremos. Asimismo, debemos recordar modular y ser claros para que el cliente potencial nos pueda entender correctamente. Debemos hablar lento, pausado y con un buen tono. Estas llamadas deben ser cortas, es decir, no podemos pretender que le daremos toda la información de la empresa por teléfono, los vamos a saturar. Aparte que no van a entender para qué es la compañía y cuál es realmente nuestro producto.

Si es la primera vez llamando a un prospecto, podemos corroborar sus datos de correo electrónico para poder enviarle más información. Durante la prospección por teléfono, también debemos tomar en cuenta si el cliente potencial con el que estamos conversando realmente es un cliente potencial, o si hemos cometido un error.

¿Te aterra llamar porque no quieres que te cuelguen el teléfono? ¿Ya te ha pasado que te cuelgan el teléfono? ¿Qué te comienzan a gritar por teléfono? ¿Te ha pasado que llamas a un cliente prospecto y te comienza a contar todas sus historias íntimas porque en ese momento están tristes o necesitaban con quién hablar? Escúchalos y no los interrumpas. Algunas veces los prospectos creen que somos amigos y eso confunde la relación. Nosotros debemos mantenernos siempre profesional, todo debemos manejarlo con la confidencialidad que los prospectos se merecen.

¿Hay una forma para convertir un rechazo en una venta? Esto lo explicaremos en el siguiente capítulo. ¿Viste? No hay nada que temer. No podemos dejar de enfatizar cuán importante es hacer una investigación previa a la llamada, si no lo hacemos, el cliente se dará cuenta y no pensará que somos profesionales y no confiará en nosotros. Esto puede ser la diferencia entre concretar una reunión y que te cuelguen el teléfono o no te vuelvan a responder. Debemos ser inteligentes a la hora de hacer la llamada.

No solamente hay que dar información, también hay que preguntarle a la persona qué es lo que necesitan ellos. Por ejemplo, si comenzamos a hablar de los desafíos diarios que tienen las empresas y cómo nuestro producto puede ayudarlo, preguntémosle si tiene algún tipo de desafío de los ya mencionados o si tiene otro tipo. Esto no sólo va a ayudarnos a recopilar más información del prospecto, también vamos a poder alimentar nuestro CRM y vamos a poder personalizar la propuesta que presentaremos en la reunión. Vamos a poder investigar más de cerca este tipo de desafío en particular lo que causará una mejor impresión en el prospecto, lo que a su vez generará confianza y una mejor relación lo que incrementará la oportunidad de cerrar el negocio. No olvidemos que nosotros también debemos ver en cada llamada si los clientes potenciales o prospectos, son realmente prospectos. ¿Qué queremos decir con esto? Que muchas veces estamos seguros de que un prospecto lo es hasta que conversamos con él. Nos damos cuenta por su cargo, experiencia o por el tipo de respuesta o preguntas que nos hace el prospecto al igual que el tipo de comentarios.

Capítulo 6: Aprender a manejar los RBOs: Respuesta reflejo, cuando los clientes quieren deshacerte de ti, y las objeciones

Cuando estamos trabajando en nuestro negocio, es muy fácil sentirse vulnerable. ¿Sabes cómo lidiar con los rechazos? El rechazo es difícil de manejar si no sabemos cómo hacerlo. Llamar a los clientes es usualmente la parte más estresante del día de los vendedores. Si te rechazan, es muy fácil sentirse sin motivación e inclusive tener miedo de llamar a los clientes. Comencemos, cuando llames por teléfono puedes seguir este proceso simple de cinco pasos: Llama y obtén la atención del prospecto, identifícate con tu nombre completo y dile al prospecto de dónde estás llamando, explícales qué es lo que quieres y continúa con el por qué. Esto es crucial ya que debes comentarle cuál es el beneficio y cómo puede ayudar a tu prospecto en su día a día, pero de forma concisa y objetiva. Continúa y dile qué es lo que quieres, por ejemplo, si quieres una reunión con ellos, si les estarás enviando información a su correo electrónico y después deseas reunirte con ellos.

Cuando estás hablando con un prospecto, ya sea por teléfono o en persona, te vas a encontrar con tres tipos de rechazo. Una respuesta reflejo de un prospecto en este caso podría ser "no te preocupes, estamos bien". Este tipo de respuestas cortan la conversación y no dejan explayarte y vender tu producto. Este tipo de rechazo es bastante común. Cuando un cliente quiere deshacerse de ti, no quiere hablar contigo, el conocido "brush-off" probablemente te diga, ¿por qué solo no me envías la información? En la categoría de rechazos por parte de clientes también vamos a encontrar objeciones verdaderas. Por ejemplo, si un cliente prospecto acaba de firmar con otra compañía por un producto similar al tuyo. Es muy importante saber cómo lidiar con estas respuestas por parte de ellos, ya que esto no indica rechazo al cien por ciento. Debemos saber que tenemos un par de opciones después de recibir este tipo de respuesta y que una objeción por parte del prospecto necesariamente no significa que hemos fallado, sólo que podemos y debemos tomar algunas acciones necesarias. Lo importante es saber cómo voltear una objeción y volverla una venta.

Ahora, hay tres alternativas a las cuales podemos recurrir. Debemos comenzar a diseñar guiones simples que podamos repetir sin tener que pensar y sin dejar que nuestras emociones influyan, esto es de suma importancia ya que no podemos cambiar el tono de voz y no debemos dejar que el prospecto se dé cuenta que nos ha afectado su respuesta. Este guión debe sonar natural. Por ejemplo, una respuesta típica que suena natural, pero es una respuesta memorizada y automática podría ser "Pensé que podrías decir eso". Esto va a ayudar a cambiar el patrón de la conversación, el prospecto probablemente no espere una respuesta así y podrás proseguir, debemos decir algo realmente atractivo que nos dé la oportunidad de poder ganar al prospecto.

También sirve interrumpir al prospecto, sé que suena extraño, pero esto también rompe el patrón, la respuesta y si escoges bien lo que vas a mencionar después, podrás atraer al prospecto hacia ti. Por ejemplo, alguna respuesta típica es "Perfecto, si obtiene excelentes precios y servicios, no deberías pensar en cambiar. Todo lo que quiero son unos minutos de su tiempo para aprender más acerca de su empresa y ver si somos aptos". Por ejemplo, si un prospecto responde con un "no estoy interesado", una respuesta modelo sería, "sí, muchas personas me dicen eso cuando llamo por primera vez, pero esa es exactamente la razón por la que deberíamos reunirnos". No podemos enfatizar lo suficiente e importante que es aprender nuestras emociones y preguntar nuevamente al prospecto, de manera súper positiva, pero siendo asertivos, lo que queremos conseguir de esa llamada, podemos seguir el guión de respuesta si esto nos cuesta o nos pone nervioso. Al trabajar estos guiones, debemos sonar auténticos, seguros de lo que estamos ofreciendo, pero lo más importante, es no dejar que nuestras emociones nos nublen. De esta manera podemos, no solamente lidiar con este contratiempo, con este tipo de respuestas, sino que podemos lograr una venta, aunque hayamos tenido un rechazo inicial por parte del prospecto.

Asimismo, también debemos saber cuándo no seguir intentando, ser resistentes y saber cómo convertir una objeción en una venta es una cosa, pero debemos saber cuándo un prospecto no va a recibirnos, no es realmente un prospecto y no va a querer reunirse con nosotros en caso de que estemos al teléfono. Si estamos en una reunión en persona también debemos saber cómo terminar una reunión si nuestro prospecto no es receptivo, pone demasiadas excusas y no va a comprar nuestro producto o contratar nuestros servicios. No perdamos más tiempo y energía en este tipo de prospectos, debemos sacarlos de nuestra lista y estar pendiente a un cambio de prospecto encargado de esa área en esa compañía.

Capítulo 7: ¿Quiénes son los Gatekeepers?

¿Qué es un gatekeeper? ¿A qué nos referimos con esto? Es usualmente un asistente de ventas o algún asistente ejecutivo, es decir, es una persona dentro de una corporación que puede influenciar la compra de un producto. Ellos trabajan de cerca con la persona que toma la decisión. En el caso de que sea un asistente, lo más probable es que conozca los problemas de su jefe y tenga que lidiar con ellos, por lo que adquirir tu producto también los va a beneficiar a ellos. Es muy importante venderles y comunicarles nuestros productos de la misma forma que lo haríamos con su jefe, ¿por qué? Estos prospectos no sólo influencian las decisiones, si a ellos también va a ayudarles a tener menos carga de trabajo podrían inclusive recomendarnos cómo presentarles nuestros productos y comentarnos un poco del por qué es necesario. Trabaja con ellos como aliados y vas a ver cuánto pueden ayudarte los gatekeepers probando insights y diferentes formas de presentarle el producto a la persona que toma la decisión para asegurar una venta de nuestro producto. Nunca dejes de tomarlos en cuenta.

Ahora, tenemos otro tipo de persona en la organización que puede ayudarnos a vender nuestro producto y a tener una reunión exitosa con la persona que toma la decisión, estas personas usualmente tienen un nivel junior y comparan los productos y las características de los mismos para ver qué es más beneficioso para la empresa. Esta persona podemos categorizarla bajo el nombre del influencer, así ellos no tomen la decisión directamente, igual su opinión tiene peso y pueden influenciar la venta. Debemos identificar quién es esta persona, tener una reunión con ellos, explicarles de la mejor manera, directa y concisamente cuál es el beneficio que gana la empresa y cómo lo puede beneficiar a él y a sus colaboradores trabajar con nosotros. Es muy importante reunirnos con esta persona porque nos va a ayudar y nos va a brindar información valiosa de los procesos de la empresa, nos va a explicar los problemas que enfrentan día a día, qué es lo que están haciendo para evitarlos y/o arreglarlos y cómo podemos presentarle nuestro negocio a la persona que decide para que se incline a trabajar en nuestra compañía.

Por otro lado, cuando nos reunamos con la persona que toma la decisión y tiene el presupuesto, ya tendremos esta información y una idea más clara de cómo venderle nuestro producto porque el influencer y la gatekeeper ya nos han comentado los problemas con los que tienen que lidiar día a día. Esta información nos va a ayudar enormemente porque iremos con información más personalizada y detallada enfocada hacia las necesidades específicas del cliente. Esto va a darle más seguridad al prospecto y nos va a ayudar a entablar una mejor relación con ellos desde el principio. El prospecto va a saber que hemos investigado sus necesidades y va a darse cuenta de que nuestro producto es exactamente lo que ellos necesitan. Es necesario ir preparados a la reunión y explicar todo de una manera corta y concisa siempre haciendo énfasis en el beneficio para ellos como empresa, cómo puede mejorar sus procesos, su productividad y sobre todo incrementar sus ingresos

¿Cómo reconocer a una persona con el poder de tomar una decisión? Usualmente estos prospectos tienen cargos altos, como Gerente, Director, Vice Presidente y el Director Gerente. Estos prospectos son los que debemos buscar, debemos concentrarnos en reunirnos con ellos, y si no podemos, es importante que nos reunamos antes con el influencer y si podemos con la gatekeeper también. Ellos le van a recomendar a la persona que toma la decisión que se reúna con nosotros, ya que los altos cargos directivos no aceptan tantas reuniones y menos con personas que no son recomendadas.

Reunirnos con el influencer y el gatekeeper, nos ayuda a ponernos en contacto con la persona que toma la decisión, ir a la reunión más informados, a vender nuestro producto mejor y a que nos preste más atención. También reunirnos antes con el influencer y el gatekeeper, nos ayuda a que la persona que toma la decisión esté más abierta a escucharnos y a que se prepare y nos haga las preguntas correctas para medir cómo esto va a beneficiar a su empresa, es decir, a que esta persona también investigue acerca del producto antes de la reunión.

Por otro lado, también suceder que no encontramos ni a la gatekeeper, ni al influencer y no hay forma de comunicarnos con el prospecto, ¿cómo agendar reuniones con ellos? Pregunta a tus colegas en ventas y a tus amigos si alguien lo conoce, o conoce a alguien en esa empresa y si sería factible que te presentaran. Ir recomendado o que te presente algún colega es de suma importancia porque significa que esta persona confía en ti. La persona que toma la decisión también se reunirá contigo con una mentalidad más abierta acerca de tu producto. Ahora, es importante tomar en cuenta que hay "influencers" que son "tóxicos" y nos harán perder el tiempo. ¿A qué nos referimos con esto? Que esta persona hará comentarios como "yo te puedo ayudar a hablar con el gerente", "yo lo puedo influenciar", "mi sueldo es x monto", o "el director y yo somos amigos". Este tipo de personas usualmente nos hacen perder el tiempo, la verdad es que no tienen influencia, ni conocen al director o gerente de la empresa. Debemos saber reconocerlos y tratarlos como tales.

¿Entonces, cómo los reconozco? Son personas que te van a dar demasiada información sin que tú se la pidas, te van a decir que tienen mucha autoridad en la empresa, que tienen mucho peso y mucha responsabilidad. ¿Qué preguntas hacerles? Pregúntales cuándo y cómo se reúnen con los directivos. Los asistentes ejecutivos o influencers sí tienen contacto con ellos, usualmente tienen reuniones semanales, quincenales o mensuales. Si estás pensando en alguna persona en particular, ¡felicitaciones!, ya aprendiste a diferenciarlos. Cuando esto sucede, debemos buscar otro contacto en la empresa que nos pueda ayudar a llegar al prospecto. Muchas veces confundimos los prospectos con las personas que hacen recomendaciones al prospecto. También es importante tener esta información y saber reconocerlos, no son los prospectos, pero son valiosos para nosotros ya que nos pueden ayudar recomendándonos o dándonos información de qué se necesita en la empresa antes de tener la reunión con el prospecto.

Por otro lado, si nos dejan de responder correos electrónicos y llamadas, es importante que tomemos una decisión, si la persona no era la correcta, si no es realmente un influencer por ejemplo y debemos buscar otro contacto, o si debemos de dejar de perder el tiempo con esa empresa. Es importante antes de pensar que estamos perdiendo el tiempo con una empresa que busquemos en LinkedIn quiénes son las personas encargadas, qué cargo tiene la persona con la que estábamos conversando y si hay otra forma u otra persona que nos pueda ayudar a llegar al prospecto en caso de que no podamos llamarlo directamente. Por estas razones debemos aprender a reconocerlos, debemos aprender cómo comunicarnos con ellos y aprender a manejar nuestras emociones. Debemos ser expresivos y sonar entusiastas. Si confiamos en nosotros mismos, el cliente también confiará en nosotros. Llámalos, consigue reuniones con ellos, analiza e investiga sus empresas y vas a ver que cuando te reúnas con el gatekeeper o influencer, debes tener toda la información correcta y haber analizado la compañía para que estos clientes potenciales puedan convertirse en tus clientes.

Conclusión

Como habrás visto, hay diferentes maneras de llegar a nuestros clientes potenciales. Debemos buscar cuáles son sus intereses, qué es lo que necesitan para poder mejorar sus ventas, su productividad, recolectar la mayor información de información que podamos de ellos y de su empresa para poder presentarle una propuesta que les parezca atractiva e interesante. Asimismo, es de suma importancia saber con quiénes comunicarnos en la empresa que podrían facilitarnos la venta, hay diferentes personas como el gatekeeper por ejemplo o los influencers que podrían ayudarnos y darnos más información de cómo funciona la venta y nos podrían inclusive dar las recomendaciones de como presentar nuestro producto a la persona que se encarga de decidir. Debemos recordar que siempre podemos encontrarnos con personas a las que podemos considerar "tóxicas" porque dicen tener influencia o algún tipo de poder de decisión en la compra de tu producto y/o servicio cuando no es verdad. Debemos aprender a reconocerlas y a dejar de perder nuestra energía y tiempo en ellos. Asimismo, también debemos aprender cuándo es el tiempo de dejar ir a un prospecto, no todo el mundo va a comprar tu producto. Debemos también saber cuándo es el momento idóneo para ofrecer nuestro producto. Recuerda que contamos con dos volúmenes con estrategias, técnicas y recomendaciones para que puedas alcanzar el éxito. Es recomendable estudiar los principios de estos libros con mucha atención, se recomienda mucho optar por fuentes adicionales de información para poder complementar el aprendizaje. No olvides que todo esto se ha hecho para ustedes los lectores, con mucha pasión y dedicación por este tema. La prospección es un arte, y sólo podemos aprender de ella si nos ponemos a accionar. No nos quedemos en la lectura. Vamos por más.

Glosario

Prospecto: Un cliente potencial son aquellas personas o empresas con las que no tenemos ninguna relación comercial pero que por sus intereses podríamos convertirlo en un cliente. El prospecto de hoy es el cliente de mañana.

Segmentación: La segmentación divide un mercado en segmentos más pequeños de compradores que tienen diferentes necesidades, características y comportamientos que requieren estrategias o mezclas de marketing diferenciadas. Por ejemplo, podemos segmentar a nuestros prospectos, es decir, clientes potenciales, a los prospectos en el CRM, entre otros.

Emailings: Envío de correos electrónicos a varios correos electrónicos simultáneamente orientados específicamente a vender. Esto permite retener, fidelizar, enviar promocione e información importante a nuestros clientes. Podemos tener varias listas distintas para el envíos de mailings.

Llamadas en frío: Realizar llamadas a clientes potenciales.

CRM : Programa que ayuda a la Gestión de Clientes de una manera organizada.

Gatekeeper: Persona dentro de una empresa u organización, usualmente puede ser un ejecutivo de gerencia o un asistente ejecutivo. Esta persona es valiosa porque puede influenciar la decisión del prospecto. En este caso, debemos saber cómo tratarla. Usualmente saben cuáles son los problemas de la organización y nuestro producto también podría simplificar su trabajo.

Linkedin: Es una red social profesional para compañías y donde personas normales podemos poner la información de dónde trabajamos, cuál ha sido nuestra educación, experiencia, habilidades y cualidades. Adicionalmente, podemos certificarnos con los nuevos certificados de LinkedIn. Podemos tener LinkedIn en nuestro sistemas operativos Android e IOS o en la computadora.

Networking

Facebook: Red social donde podemos comunicarnos con diferentes personas en diferentes lugares del mundo. Es una forma de compartir contenido de manera simple y rápido en internet. Está disponible para los sistemas operativos Android e IOS.

Instagram: Instagram es una red social y aplicación. Su función es subir fotos, vídeos. Está disponible para dispositivos Android e iOS.

La Ley Universal de la Necesidad: La ley Universidal de la Necesidad dictamina que mientras más necesitas vender algo, menos probable es que lo vendas. Se que parece confuso, pero aclaremos con este ejemplo. Digamos que Rodrigo no ha buscado ni ha contactado muchos prospectos durante el mes, ahora, necesita cerrar los contactos pero sólo se ha quedado y tiene algunas oportunidades.

Ley de los treinta días: Ley de los treinta días dictamina que los prospectos que has trabajado durante treinta días darán frutos en los siguientes noventa; esto quiere decir que mientras más prospectos trabajes en un mes seguido, es decir, mientras más trabajes en el año, más frutos, llámese por ejemplo comisiones obtendrás debido al aumento de prospectos.

Procrastinación: Esto es cuando realizas alguna otra actividad antes de comenzar con tu trabajo, es decir, o prioridad

Perfeccionismo: Los perfeccionistas también tendemos a demorarnos más de la cuenta o no usar el trabajo que hemos venido realizando así esté muy bien, todo nos parece horrible. Adicionalmente, nos vamos a demorar demasiado tiempo realizando una tarea simple, ¿esto vale la pena?

Parálisis: es real y esto ocurre cuando hemos dejado de realizar alguna actividad y nos cuenta volver a comenzar. Por ejemplo, muchos escritores dejan de escribir y sienten que han fracasado, les cuesta volver a comenzar porque sienten que no son lo suficiente buenos o que no pueden comenzar, que nunca serán tan creativos como la otra persona y que no tienen el suficiente potencial, es decir, se sienten como si fueran perdedores.

Corolario de Hortsmans: Principios a tener en cuenta para poner conseguir mejores ventas, más productividad en el equipo y más éxito.

Social Selling: El Social Selling es un modelo de ventas en el que utilizamos los diferentes medios sociales, dando prioridad a LinkedIn. Lo que estamos implementando es una forma de atracción de clientes basada en el branding, en las relaciones humanas y elaborando contenidos útiles para nuestros clientes potenciales.

B2B: Business to business o compañía a compañía.

Gatekeeper: Es una persona dentro de una corporación que puede influenciar la compra de un producto. Ellos trabajan de cerca con la persona que toma la decisión. Podrías ser un asistente y lo más probable es que conozca los problemas de su jefe y tenga que lidiar con ellos, por lo que adquirir tu producto también los va a beneficiar a ellos.

Influencer: Ahora, tenemos otro tipo de persona en la organización que puede ayudarnos a vender nuestro producto y a tener una reunión exitosa con la persona que toma la decisión, estas personas usualmente tienen un nivel Junior y comparan los productos y las características de los mismos para ver qué es más beneficioso para la empresa. Esta persona podemos categorizarla bajo el nombre del influencer, ellos no tomen la decisión directamente, igual su opinión tiene peso y pueden influenciar la venta.

Influencer tóxico: Las personas que se hacen pasar por un influencer pero que no lo son. Usualmente van a decir que tienen un buen cargo en la compañía, que tienen una buena relación con los superiores, que ganan mucho dinero y que tienen mucho dinero. Van a dar mucha información sin nosotros haberla pedido.

Trigger Event: Es un evento que puede generar ventas. Por ejemplo, un prospecto se cambió de compañía y esto aparece en LinkedIn. ¿Cómo genera impacto en nuestra compañía? Podría generar una ventana para una venta en la nueva empresa donde está trabajando y podría generar una venta adicional en la compañía anterior.

Google Alerts: Son alertas que podemos configurar en Google para que nos lleguen diferentes noticias según lo que nosotros configuremos. Por ejemplo, cada vez que haya un comunicado de prensa, te llegará una alerta al celular o al dispositivo que hayamos configurado.

Citación (Estilo APA)

(1) Beatriz Soto, B. S. (2018a, 17 octubre). ¿Qué es el mailing? Descubre todo lo relacionado con el envío de correos masivos. Recuperado 5 octubre, 2019, de https://www.gestion.org/que-es-el-mailing/

(2) Carlo Farucci, C. F. (s.f.). ¿Cómo calcular el #ROI en #MarketingDigital? Recuperado 5 octubre, 2019, de https://josefacchin.com/roi-retorno-de-inversion/

(3) Definición de prospección — Definicion.de. (s.f.). Recuperado 5 octubre, 2019, de https://definicion.de/prospeccion/

(4) Douglas Burdett, D. B. (s.f.). Sales Prospecting Without Social Media Is Like Selling Without a Phone. Recuperado 5 octubre, 2019, de https://www.salesartillery.com/blog/sales-prospecting-social-media-selling

(5) Fanatical Prospecting: The Ultimate Guide to Opening Sales Conversations and Filling the Pipeline by Leveraging Social Selling, Telephone, Email, Text, and Cold Calling. (s.f.). Recuperado 5 octubre, 2019, de https://www.oreilly.com/library/view/fanatical-prospecting-the/9781119144755/20_chapter12.html

(6) Jesús L. Cortiñas, J. L. C. (2016, 27 abril). ¿La prospección es...? - Apuntes Gestión. Recuperado 5 octubre, 2019, de https://www.apuntesgestion.com/b/la-prospeccion-es/

(7) Jonathan Ebenstein, J. E. (2016, 28 abril). 5 tips for leveraging your CRM data. Recuperado 5 octubre, 2019, de https://www.bizjournals.com/bizjournals/how-to/marketing/2016/04/5-tips-for-leveraging-your-crm-data.html

(8) Josh Slone, J. S. (2019, 27 septiembre). Cold Calling Techniques That Actually Work – Gist. Recuperado 5 octubre, 2019, de https://getgist.com/cold-calling-techniques-that-actually-work/

(9) Krishna Srinivas, K. S. (2018, 23 octubre). 12 Techniques to Write a Sales Prospecting Email that Surely Gets Responses. Recuperado 5 octubre, 2019, de https://blog.klenty.com/prospecting-email-sales/

(10) Los 8 métodos de prospección más utiles para tu empresa. (2019a, 9 julio). Recuperado 5 octubre, 2019, de https://clickbalance.com/blog/contabilidad-y-administracion/metodos-de-prospeccion/

(11) Los 8 métodos de prospección más utiles para tu empresa. (2019b, 9 julio). Recuperado 5 octubre, 2019, de https://clickbalance.com/blog/contabilidad-y-administracion/metodos-de-prospeccion/

(12) MC Donald, D. E. V. O. N. (2010, 16 septiembre). Outbound Prospecting Defined | OpenView. Recuperado 5 octubre, 2019, de https://openviewpartners.com/blog/outbound-prospecting-defined/

(13) Nicole Mertes, N. M. (2019, 6 septiembre). Traditional Prospecting vs. Inbound Prospecting. Recuperado 5 octubre, 2019, de https://www.weidert.com/whole_brain_marketing_

blog/traditional-prospecting-vs.-inbound-prospecting

(14) NIDKEL, A. N. (2017, 25 mayo). The Hub and Spoke Model for Marketing: The Wheel is Still King | CNP. Recuperado 5 octubre, 2019, de https://cnpagency.com/blog/the-hub-and-spoke-model-for-marketing-the-wheel-is-still-king/

(15) Olga Milevska, O. M. (2019, 4 julio). What is Prospecting? Definition and Best Methods to Get More Customers. Recuperado 5 octubre, 2019, de https://www.crazycall.com/blog/sales-prospecting-methods

(16) PADILLA, R. P. (s.f.). Prospección de Clientes: Aprende Cómo Hacerla Correctamente. Recuperado 5 octubre, 2019, de https://www.genwords.com/blog/prospeccion-de-clientes

(17) Paul S. Goldner, P. S. G. (s.f.). 'Prospeccion en caliente | captacion de clientes. Recuperado 5 octubre, 2019, de https://www.leadersummaries.com/resumen/prospeccion-en-caliente

(18) Paula McKinney, P. M. (s.f.). Text Messaging Your Network Marketing Prospect. Recuperado 5 octubre, 2019, de https://paula-mckinney.com/text-messaging-network-marketing-prospect/

(19) Press office, P. O. (2019, 22 mayo). 6 consejos para aprovechar tu CRM al máximo - redk ES. Recuperado 5 octubre, 2019, de https://www.redk.net/es-ES/blog/crm-6-consejos-aprovechar-maximo/

(20) Prospección de ventas | Socialetic. (2013, 17 diciembre). Recuperado 5 octubre, 2019, de

https://www.socialetic.com/prospeccion-de-ventas.html

(21) Qué es CRM: Customer Relationship Management y Software CRM. (s.f.-a). Recuperado 5 octubre, 2019, de https://www.sumacrm.com/soporte/que-es-crm

(22) Qué es CRM: Customer Relationship Management y Software CRM. (s.f.-b). Recuperado 5 octubre, 2019, de https://www.sumacrm.com/soporte/que-es-crm

(23) Qué quiere el cliente y tus prospectos. (2012, 14 diciembre). Recuperado 5 octubre, 2019, de http://blog.brainstormer.es/que-quiere-el-cliente-y-tus-prospectos/

(24) Sarah Kathleen Peck, S. K. P. (2018, 7 junio). The Art of Asking: Or, How to Ask And Get What You Want. Recuperado 5 octubre, 2019, de https://medium.com/startup-pregnant/the-art-of-asking-or-how-to-ask-and-get-what-you-want-9e7455ca375b

(25) Shane Barker, S. B. (2019, 2 octubre). 7 Simple Ways to Drive Sales on Social Media (With Examples). Recuperado 5 octubre, 2019, de https://medium.com/better-marketing/7-simple-ways-to-drive-sales-on-social-media-with-examples-8012193aa2fb

(26) SONIA DURIO LIMIA, S. D. L. (s.f.). ¿Qué es el Social Selling y cómo te puede hacer vender más? Recuperado 5 octubre, 2019, de https://josefacchin.com/social-selling-que-es/

(27) Tom Smith, T. O. M. (2014, 14 febrero). 8 Benefits of Customer Relationship Management Software. Recuperado 5 octubre, 2019, de http://www.insightsfromanalytics.com/blog/bid/374342/8-benefits-of-customer-relationship-management-software

(28) WENDY CONNICK, W. C. (2019, 31 julio). Meaning of WIIFM in Sales Keeping Prospect's Needs Top of Mind. Recuperado 5 octubre, 2019, de https://www.thebalancecareers.com/what-is-wiifm-2917381

(29) ¿Cómo montar la mejor estrategia de prospección de clientes? (2018, 7 diciembre). Recuperado 5 octubre, 2019, de https://blog.hotmart.com/es/prospeccion-de-clientes/

(30) ¿Qué es segmentar en marketing? | LCMK. (2019, 12 marzo). Recuperado 5 octubre, 2019, de https://laculturadelmarketing.com/que-es-segmentar-en-marketing/

(31) ¿Qué es un CRM? Entiende qué es un CRM y qué ofrece a las diferentes áreas de una empresa. (s.f.). Recuperado 5 octubre, 2019, de https://www.elegircrm.com/crm/que-es-un-crm

www.ingramcontent.com/pod-product-compliance
Lightning Source LLC
Chambersburg PA
CBHW071517210326
41597CB00018B/2799